Handlesen

Was unsere Hände verraten

© Honos Verlag GmbH, Köln
Gesamtherstellung: Honos Verlag GmbH, Köln
Alle Rechte vorbehalten
ISBN 3-8399-0544-0
www.honos-verlag.de

Inhalt

Die Herkunft des Handlesens

Die Chirologie oder Chiromantie, wie die Kunst des Handlesens mit einem Fremdwort genannt wird, ist eine uralte Erfahrungswissenschaft. Bei der Chirologie wird von der Form der Hand und der Finger sowie vom Verlauf der Linien auf Charakter und Persönlichkeit geschlossen. Die Chiromantie arbeitet ähnlich, sieht aber die Handlinien als eine Art Zeitstrahl von der Geburt bis zum Lebensende, so dass man bestimmte Ereignisse einem bestimmten Lebensabschnitt zuordnen kann.

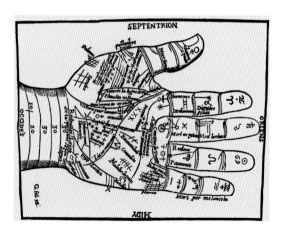

Ebenso wie die Menschen in der Asche des Feuers, in den Eingeweiden der Tiere oder in den Erscheinungen des Himmels nach Wahrheit suchten, begannen sie irgendwann, die eigenen Hände in den Erkenntnisvorgang einzubeziehen. Welche Beobachtungen sie machten und wie sie die Linien und sonstigen Ausprägungen der Hände beurteilten, wissen wir nicht, denn es gibt noch keine schriftlichen Überlieferungen aus dieser Zeit. Dass die Hände aber von großer Bedeutung für sie waren, zeigt ihr häufiges Vorkommen und ihre detaillierte Ausarbeitung in Felszeichnungen und anderen frühen Kunstwerken.

Die ersten schriftlichen Hinweise auf die Bedeutung der Hände finden sich in alten indischen Quellen. In den Veden, zu den Quellen des Hinduismus zählende Schriften, die etwa aus einer Zeit 1500 Jahre vor Beginn unserer Zeitrechnung stammen, sind besondere Zeichen in den Hand- und Fußflächen der Götter erwähnt. Später muss es in Indien eine verbreitete Form des Handlesens gegeben haben, denn in Gesetzbüchern wird bereits über unehrliche und zum Teil wohl willkürliche Handleser gewettert, die sehr eigene Interpretationen lieferten und ihre Kunden hinters Licht führen.

Die weitere Entwicklung

Die präzise beobachtenden Gelehrten Chinas stellten später fest, dass sich die Hände von Menschen mit unterschiedlichen Lebenswegen deutlich unterschieden. Sie entwickelten ihre eigene Handlesekunst, die sie befähigte, recht genaue Aussagen über Personen zu treffen, ausgehend von der Annahme, dass in der Hand das bisherige Leben eines Menschen seinen Ausdruck findet. Die Umkehrung dieser Erfahrung – dass sich aus der

Form der Hand Schlüsse auf den künftigen Lebensweg ableiten lassen – bewirkte die Umdeutung der Handlesekunst als Orakel.

Über Indien fand die Handlesekunst Eingang in die arabische Kultur, in der sich die islamische Religion und das Wissen des Handlesens vermischten. In der Bibel schließlich finden sich Hinweise auf den Finger Gottes, über den er den Menschen seine Macht demonstriert, oder die Hände Gottes als Werkzeug seines Tuns auf Erden.

Das Handlesen in unserem Kulturkreis hat zwar zum Teil auch Quellen in Asien, bezieht sich aber vor allem auf griechische und römische Überlieferungen. Im alten Griechenland war das Handlesen tägliche Praxis unter Gelehrten und galt als eine geheiligte Lehre. Auch wurden die einzelnen Finger der Hand mit den griechischen Göttern in Verbindung gebracht, so dass Aphrodite über den Daumen, Zeus über den Zeigefinger, Saturn über den Mittelfinger, Apollo über den Ringfinger und Hermes, der Gott der Händler und Diebe, über den kleinen Finger herrschten – eine Zuordnung, die bis heute gilt.

Mittelalter und Neuzeit

Der christliche Glaube stand bis im Mittelalter der Chiromantie unentschlossen gegenüber. Viele Kirchenlehrer verdammten das Handlesen wie auch Astrologie und andere Praktiken in das Reich des Aberglaubens. Andere Gelehrte, aber vor allem das einfache Volk, hielten die Chiromantie für eine aussagefähige Methode des Wahrsagens und praktizierten sie eifrig.

Mit dem Einzug der modernen Wissenschaften in das menschliche Denken, die nach präzisen Gesetzen suchten und überliefertes Wissen aus Prinzip in Frage stellten, und neuen technischen Errungenschaften gerieten die alten Erkenntnismethoden für einige Zeit in Vergessenheit, ja, in Verruf. Im Zeitalter der Aufklärung schien kein Raum für sie zu bleiben. Das Hand-

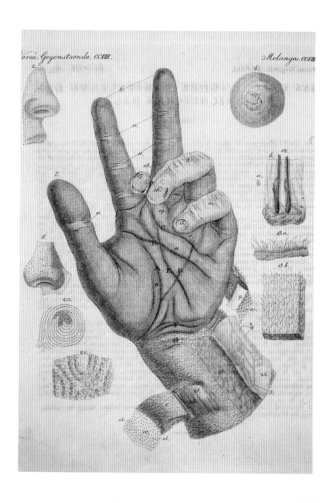

12

lesen überlebte aber in der Überlieferung einzelner Volksgruppen, aber auch in den Schriften einiger Wissenschaftler. Indem sie ihre Disziplin selbst zur Wissenschaft erklärten, konnte die Chiromantie neue Aufmerksamkeit gewinnen. Zu erwähnen ist hier Johann Caspar Lavater (1741-1801) und sein Werk "Physiognomische Fragmente zur Beförderung der Menschenkenntnis und der Menschenliebe". Der streitbare Theologe versuchte nachzuweisen, dass sich in Körperteilen des Menschen, besonders im Gesicht, aber auch in den Händen, dessen Charakter wiederspiegelt. Er wurde damit zum Vorkämpfer einer neuen, wissenschaftlich orientierten Chiromantie.

Handlesen ist keine Zauberei, aber auch keine wirklich präzise Wissenschaft. Es ist einfach gesagt, was sich aus den Händen herauslesen lässt und was nicht – könnte man denken. Doch die Breite der Interpretationen der in den Händen lesbaren Fakten ist groß. Sie reicht von simplem Bezug zu der Lebenssituation eines Menschen – arbeitet er hart mit den Händen oder ist er ein Kopfarbeiter – bis hin zum Orakel: Was hält die Zukunft für einen Menschen bereit? Die erste Ebene der Deutung

scheint jedem einsichtig. Wer Schwielen an den Händen hat, wird wohl kaum täglich an einem Schreibtisch sitzen. Doch schon bei weiteren Zuordnungen kommt die persönliche Interpretation ins Spiel: Wird ein Mensch mit schmalen Händen zwingend feinsinniger sein als einer mit breiten, groben Händen? Lässt sich von der Form der Hände tatsächlich auf den Charakter schließen? Und noch komplizierter wird es, wenn der Beschaffenheit der Hände gar Aussagekraft für zukünftige Zeiten zugestanden wird: Kann eine kurze Lebenslinie tatsächlich auf einen frühen Tod hindeuten? Es muss den Lesern überlassen bleiben, inwieweit sie den Deutungen der Chiromanten folgen wollen.

So deutet die Chiromantie die Hände

Die rechte Hand verrät etwas über Bewusstsein und Entwicklung, die Vergangenheit, die Gegenwart und die Planungen der Zukunft. Sie steht auch in Verbindung mit dem Vater.

Die linke Hand ermöglicht Aussagen über das Unbewusste und unsere ererbten Anlagen. Daher ist sie auch die Hand der Mutter. Meist werden beim Handlesen beide Hände nacheinander untersucht und gedeutet.

Die Grundtypen der Hände

Grundsätzlich gibt es zwei Handtypen:

Die rezeptive Hand

Sie läuft nach vorn hin schmal zu und wirkt zart und fragil. Wer eine rezeptive Hand besitzt, verfügt über ein lebhaftes Gefühlsleben, ist sensibel und neigt zu emotionalen Schwankungen. Die Hand ist meist sehr differenziert und lässt eine Vielzahl weiterer Deutungen zu.

Die realistische Hand

Eine realistische Hand ist eher das, was wir handfest nennen. In der Grundform ist sie häufig quadratisch und wirkt breiter als die rezeptive Hand. Menschen mit solchen Händen werden eher der tatkräftigen Seite des Lebens zugeordnet. Energisches Handeln, Realitätssinn, aber auch Ungeduld und Grobheit können mit ihr in Verbindung stehen. Die weiteren Details der Hand sind oft weniger fein strukturiert als bei der rezeptiven Hand.

Die verschiedenen Formen der Hand

Doch diese einfache Einordnung in zwei Handtypen genügt nicht. Wenn man Hände genauer betrachtet, lassen sich ihre Formen in weitere Kategorien unterteilen:

Die quadratische Hand – Organisation und Planung

Eine quadratische Hand (mit stumpfen Fingerspitzen) soll auf Ordnungsliebe, durchdachtes Vorgehen und eine gewisse Stabilität im Wesen der Person hindeuten. Ingenieure und andere technische Berufe, aber auch Ärzte und Verwaltungsangestellte können solche Hände haben. Schwächer ausgeprägte Seiten der Persönlichkeit können bei solchen Personen das Gefühl und die Fantasie sein. Die quadratische Hand gehört zu den realistischen Händen.

Die spatelförmige Hand – Energie und Aktion

Diese breite, kräftige Hand besitzt meist Finger mit ausgesprochen ausgeprägten Gelenken und etwas breitere Fingerspitzen. Menschen mit solchen Händen sollen tatkräftig, beharrlich, selbstsicher und mit großer persönlicher Energie versehen sein. Obgleich die spatelförmige Hand eine realistische Hand ist, verweist sie auf Einfallsreichtum – und hin und wieder vorkommende Unüberlegtheiten. Wegen ihrer Initiative neigen Menschen mit solchen Händen dazu, Unternehmer zu werden oder im Handel Fuß zu fassen. Auch an eine Tätigkeit im Finanzwesen oder in der Bauwirtschaft ist zu denken. Auch Politiker können spatelförmige Hände haben.

Die ovale Hand – Intuition und Kreativität

Diese Form der Hand hat ihre breiteste Stelle in der Mitte. Sie ist an der Wurzel ebenso etwas schmaler wie an den Spitzen der Finger. Die Nägel sind schmal und fein, die Haut ist glatt und zart. Menschen mit ovalen Händen sind künstlerisch veranlagt, verfügen über eine gute Intuition und ein ausgeprägtes Gefühlsleben. Sie sind romantisch und neigen zu Wankelmütigkeit und Sprunghaftigkeit. Die ovale ist eine rezeptive Handform.

Die sensitive Hand – Gefühl und Fantasie

Kennzeichen dieser Hand sind vor allem die langen, nach vorne schmal auslaufenden Finger und Fingerspitzen. Die sensitive Hand ist sozusagen eine ovale Hand ohne die Verbreiterung in der Mitte. Menschen mit einer solchen Hand besitzen in noch ausgeprägtem Maß Fantasie und Kreativität. Sie sind alles andere als kopfgesteuert – der Bauch hat das Sagen.

Selten kommen die obigen Handformen rein vor. Die meisten Menschen haben eine so genannte Mischhand, und ihre Hände tragen Kennzeichen mehrerer oben beschriebener Handformen.

Andere Handleser verwenden auch die folgende Aufteilung, die sich an den vier Elementen der Feng Shui-Praxis orientiert:

Erd-Hand – Handfläche quadratisch, kurze, rundliche Finger und wenig Handlinien

Solche Hände besitzen praktische, innerlich ausgeglichene Menschen, die in ihren Äußerungen direkt und wenig kopfgesteuert sind. Sie lieben es, an der frischen Luft zu arbeiten. Ihre Gefahr: zu große Aufregung und körperliche Überanstrengung.

Luft-Hand – Handfläche quadratisch, lange, schmale Finger, ausgeprägte Handlinien

Wissensmenschen besitzen solche Hände. Sie sind geistig interessiert, freundlich, gesprächsbereit und oft technisch orientiert. Bei ihnen besteht die Gefahr geistiger Überanstrengung.

Feuer-Hand – Handfläche länglich, kurze Finger, recht ausgeprägte Handlinien

So sehen die Hände engagierter Personen aus, die mit Feuereifer bei der Sache bleiben können, besondere Aufgaben und Herausforderungen lieben und immer bestrebt sind, ihre Grenzen auszuloten. Weil sie wenig Rücksicht auf sich selbst nehmen, besteht die Gefahr, dass sie "verbrennen".

Wasser-Hand – Handfläche länglich, lange Finger, sehr viele, sehr feine Linien

Wie auch in Horoskopen steht das Element Wasser für das Gefühl: Menschen mit Wasser-Händen sind einfühlsam und emotional, dabei einfallsreich und kreativ begabt. Ihr Problem: Sie laufen Gefahr, ein wenig weltfremd zu werden.

Die Beweglichkeit der Hand

Die Handbeweglichkeit wird analog zur Anpassungs-
fähigkeit der Person gesehen: flexible Hände deuten auf
ein ebensolches Wesen hin. Dabei werden vier Stufen
der Beweglichkeit unterschieden:

Die sehr flexible Hand kann
als Zeichen für Beeinflussbarkeit, Wankelmütigkeit und
fehlende Charakterstärke ge-
deutet werden.

Die flexible Hand steht für
hervorragende Beweglichkeit
bei gleichzeitiger Charakterstärke der Person.

Die feste Hand soll Zeichen eines festen Standpunktes,
ausgeprägter Lebensenergie, aber auch einer Verstan-
desdominanz sein können.

Die steife Hand könnte einem übervorsichtigen, un-
beweglichen, ja starrsinnigen Menschen gehören, der
die Beharrung zum Prinzip macht.

Die relative Größe und Breite der Hand

Wie jede Eigenschaft, wird auch hier die relative Größe der Hand in Bezug zum gesamten Körper als Hinweis auf den Charakter gewertet. Dabei bestimmt die Handgröße charakterliche Eigenschaften auf scheinbar paradoxe Weise:

Die kleine Hand soll bei ihrem Besitzer den Hang zum Großen andeuten und z. B. bei Politikern und Künstlern vorkommen. Menschen mit kleinen Händen halten sich nicht mit Details auf. Umgekehrt soll die große Hand einem Menschen mit Hang zur Pedanterie gehören, oder positiver: Große Hände symbolisieren die Liebe zu Detail und Präzision. Eine große Hand könnte z. B. ein Uhrmacher, ein Feinmechaniker oder ein Chirurg sein Eigen nennen. Die relative Breite der Hand (im Vergleich zu ihren sonstigen Ausmaßen) erweitert diese Aussage noch: Schmale Hände wären demnach Zeichen einer engen Weltsicht – ihre Besitzer sollen voller Beschränktheit und Voreingenommenheit sein. Allerdings kollidiert diese Aussage mit anderen Interpretationen, welche der schmalen Hand Fantasie, Sensitivität und Kreativität bescheinigen. Breite Hände werden als Anzeichen der Offenheit, Toleranz und Zugänglichkeit eines Menschen gewertet.

Die Details der Hand

Die bisher beschriebenen Eigenschaften von Händen waren eher allgemeiner Art. Gehen wir nun ins Detail, denn die Chiromantie teilt die Hand in sehr differenzierte Details auf, von denen ein jedes über eigene Bedeutung und Bedeutungszusammenhänge verfügt. Beginnen wir mit den Erhöhungen der Hand, den so genannten Bergen.

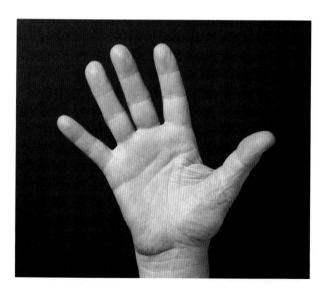

Die Berge der Hand

Die Erhebungen der Hand, ihre Lage in Relation zu den Fingern, ihre Form und Größe und die Lage ihrer "Gipfel" lassen weitere Aussagen über die Person zu. Die Berge sind – wie bereits gesagt – nach den griechischen Göttern benannt.

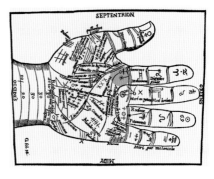

Der Jupiterberg unterhalb des Zeigefingers trifft Aussagen über die Geselligkeit, das Charisma und die Hochherzigkeit einer Person.
Stark ausgeprägt: Geltungsbedürfnis, Egoismus, Herrschsucht, Eitelkeit, Selbstgefälligkeit
Schwach ausgeprägt: fehlendes Selbstbewusstsein, Antriebsschwäche und Mangel an Durchsetzungskraft.

Der Saturnberg unterhalb des Mittelfingers soll Informationen über die inneren Bereiche der Persönlichkeit und über die wertvollen Eigenschaften im Umgang mit anderen Menschen mitteilen. Eigenschaften wie Treue, Beständigkeit, Zurückhaltung und emotionale Ausgeglichenheit

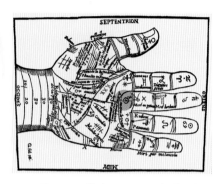

finden hier ihren Ort.
Stark ausgeprägt: Einsilbigkeit, Schwermut, Neigung zu Aggressionen gegen sich selbst
Schwach ausgeprägt: wenig Innerlichkeit, Extrovertiertheit

Der Apolloberg unterhalb des Ringfingers kann Auskunft über die Kreativität und den Schönheitssinn eines Menschen geben und die Erfolge benennen, die er mit diesen Qualifikationen erringen kann, also etwas über seine zukünftige Berühmtheit, sein Ansehen in der Gesellschaft und seinen Reichtum mitteilen.

Stark ausgeprägt: übertriebener Hang zur Schönheit, Überbetonung des Äußerlichen, Oberflächlichkeit, Eitelkeit
Schwach ausgeprägt: Mangel an Kreativität und Schönheitssinn

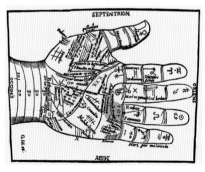

Der Merkurberg unterhalb des kleinen Fingers symbolisiert die Qualifikationen und Möglichkeiten im Bereich
Sprache, Medizin, Mathematik und Politik. Bei normaler
Ausprägung weist er auf ausgeprägte Menschenkenntnis, eine kaufmännische Begabung sowie auf diplomatische Fähigkeiten
hin.

Starke Ausprägung:
übertriebene Ge-
lehrsamkeit und Ge-
wandtheit

Schwache Ausprä-
gung: das Fehlen
von diplomatischen
und anderen kom-

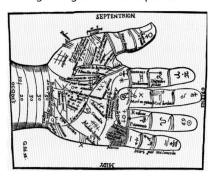

munikativen Begabungen, Defizite auch im sprachlichen
und erotisch-kommunikativen Bereich.

Die Marsberge nehmen eine Sonderstellung ein. Ihre
Verbindung zum Kriegsgott Mars begründet ihren Bezug zu Überlebensfähigkeit, Aggression, inneren Antrieb
und das Durchsetzungsvermögen. Sie dokumentieren
somit die Dynamik einer Person.

Der große Marsberg – unter dem Merkurberg – trifft
Aussagen über die Entschlossenheit und Robustheit
einer Person. Ein normal ausgeprägter großer Marsberg

verweist auf einen charakterfesten, selbstständigen und selbstsicheren Menschen, der aber auch etwas eigensinnig sein kann.

Stark ausgeprägt und hart: Hinweis auf Gewalttätigkeit und Rohheit, ja sogar Erbarmungslosigkeit.

Schwach ausgeprägt und weich: wenig Widerstandswillen, leicht zu dominieren, wenig selbstsicher, kann seinen Standpunkt nicht nachhaltig vertreten.

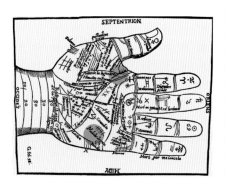

Der kleine Marsberg – an der Innenseite des Daumengelenks – trifft Aussagen über Geltungstrieb und Courage einer Person und somit über die Fähigkeit, die Schwierigkeiten des Lebens zu bewältigen.

Stark ausgeprägt und hart: Temperament und in Verbindung mit einem ausgeprägten Venusberg Leidenschaftlichkeit und ein starkes sexuelles Bedürfnis.

Schwach ausgeprägt: zurückgezogene, meist passive Person; neigt nicht zu Verwicklungen mit Mitmenschen

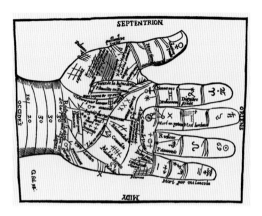

Der Venusberg am Handballen unter dem Daumen symbolisiert Herzenswärme, Lebenskraft und erotische Energie – die Liebesfähigkeit zu Menschen und schönen Dingen. In normaler Ausprägung nimmt der Venusberg fast ein Drittel der Handfläche ein und ist fest – weder sonderlich weich noch auffällig hart. Er zeigt nur wenige Handlinien und fühlt sich glatt an.

Starke Ausprägung: Hinweis auf Gier und Zügellosigkeit in erotischer Hinsicht und in Bezug auf alle Genüsse. Auf Angriffslust und Rohheit soll ein harter und geröteter Venusberg verweisen.
Schwache Ausprägung: Mangel an Dynamik, wenig leidenschaftlicher Mensch

Der Mondberg gegenüber dem Daumen an der Außenseite der Hand – trifft Aussagen über das unbewusste, transzendentale und mystische Potenzial des Menschen. Seine normale Ausprägung zeigt die Ausgeglichenheit zwischen esoterischen Bedürfnissen und Realitätssinn.

Starke Ausprägung: hohe Erfindungsgabe, unterbewusste Bedürfnisse, aber auch ausgeprägte Mitmenschlichkeit und der Wunsch, anderen zur Seite zu stehen. Zugleich Hinweis auf künstlerische Begabung
Schwache Ausprägung: fehlendes Fantasiepotenzial, Hang zur nüchternen Betrachtung, Gedankenarmut, fehlende Einbildungskraft, Unfähigkeit zu eigenen künstlerischen Leistungen und Gleichgültigkeit gegenüber künstlerischen Leistungen anderer.

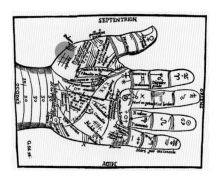

Knöchel und Fingerglieder

Eine ähnliche Unterscheidung gilt für die Knöchel. Einfach gesagt: Glatte Finger deuten auf einen Gefühlsmenschen, knotige mit stark ausgeprägten Gelenken eher auf einen Verstandesmenschen hin. Dabei wird jedem einzelnen der drei Fingerglieder ein eigener Bereich der Persönlichkeit zugeteilt: Das erste oder Nagelglied versinnbildlicht das geistige Leben einer Person. Das mittlere Glied zeigt Alltagsklugheit und Praxisbezug an. Das dritte, letzte Glied verdeutlicht den Sinn für die materielle Welt und das Animalische im Menschen. Bei etwa gleicher Länge befinden sich diese Bereiche im Gleichgewicht.

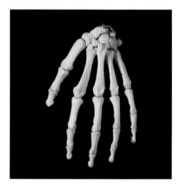

Eine besondere Ausprägung eines der Glieder an den Fingern zeigt eine Dominanz im betreffenden Bereich an. Menschen mit ausgeprägten Nagelgliedern führen ein reges Geistesleben, solche mit dominanten Mittelgliedern sind Menschen der Tat, und wenn das Wurzelglied das kräftigste ist, ist ein auf die Anhäufung von Besitz zielender oder triebhafter Mensch zu vermuten.

Die Bedeutung der Fingerform

Die Fingerformen korrespondieren mit denen der Hand und können diese in ihrer Bedeutung vermindern oder stärken. Die zugeordneten Eigenschaften aufgelistet: Spatelförmige Finger sollen für Energie, Tatkraft, Realismus, aber auch für unüberlegtes Handeln stehen. Im Querschnitt quadratische Finger sind Zeichen von Ordnungsliebe, Ausdauer und Planungssicherheit. Zielgerichtetes und verstandesmäßiges Denken ist die Sache ihres Besitzers. Ovale Finger sind wie die ovale Hand ein Zeichen für künstlerische Begabung, Sensitivität, innere Unruhe und beständige Sinnsuche. Lange, schlanke Finger: korrespondieren mit der sensitiven Hand; Beeinflussbarkeit, Empfindsamkeit, Intuition und ein gewisser Hang zum Abdriften in Fantasiewelten können gegeben sein. Runde Finger verweisen auf einen runden Charakter; man hat einen beweglichen, ausgeglichenen Menschen vor sich, bei dem sich Gefühl und Verstand im Gleichgewicht befinden.

Was die einzelnen Finger der Hand bedeuten

Wie im Falle der Handberge, regieren über die Finger die griechischen Götter, und ihre Deutung setzt sie auf ähnliche Weise in Bezug zu den jeweiligen Eigenschaften der zugeordneten Gottheit.

Der Jupiterfinger – oder Zeigefinger

Dieser häufig dominante Finger der Hand wurde dem Göttervater Jupiter zugeordnet, und es ist selbstverständlich, dass er Aussagen über die Führungsqualitäten eines Menschen trifft. Ein ausgeprägter, langer Zeigefinger bedeutet Selbstbewusstsein, Ehrgeiz und Strebsamkeit. Wie Jupiter leitet ein mit ihm ausgestatteter Mensch ein Unternehmen

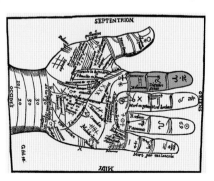

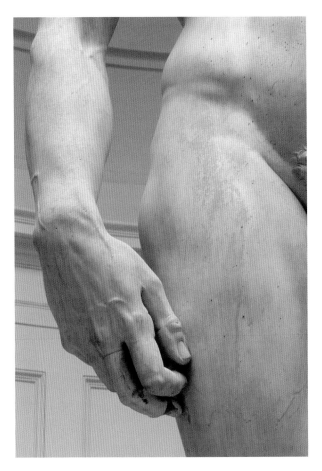

oder eine Behörde (wenn auch nicht gleich den ganzen Himmel der griechischen Antike). Ein verformter Zeigefinger kann Störungen bezogen auf das Verhältnis zu Autoritäten anzeigen. Ein übersteigertes Geltungsbedürfnis oder der Wunsch, seine Mitmenschen zu reglementieren, lässt sich nach der Chiromantie an einem verkrümmten Zeigefinger ablesen. Ist der Zeigefinger zu kurz (z. B. kürzer als der Ringfinger) so fehlt es an Selbstvertrauen, und vielleicht unterschätzt dieser Mensch seine Möglichkeiten.

Der Saturnfinger – oder Mittelfinger

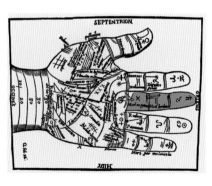

Der Mittelfinger ist das Bindeglied zwischen Außen (Daumen und Zeigefinger) und Innen (Ringfinger und kleiner Finger). Ein gerade ausgerichteter Mittelfinger bedeutet Harmonie zwischen der Wirklichkeit und der Gefühlswelt. Neigt sich der

Mittelfinger zum Zeigefinger, so ist der Wunsch nach Kontakt zu den Mitmenschen stärker ausgeprägt. Eine Neigung nach rechts zum Ringfinger bedeutet eher ein introvertiertes, zurückgezogenes Wesen, das Abstand von den Mitmenschen hält und zu Schwermut neigen kann. Damit bestimmt der Mittelfinger sozusagen die Position des Menschen in der Welt.

Der Apollofinger – oder Ringfinger

Der römische Gott der Weissagungen und Künste, aber auch der Medizin und des Bogenschießens bewirkt, dass der Ringfinger über die Kreativität und die persönliche Neigung zu Kunst und Kultur bestimmt. Weil Apollo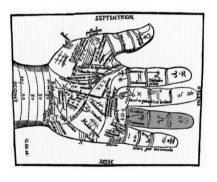

auch der Beschützer der Herden ist, verweist sein Finger und dessen Ausprägung auch auf die zwischenmenschliche Kompetenz. Ein Mensch mit ausgeprägtem

41

Ringfinger kann sich gut verständlich machen und seine Ansichten „in der Herde" zur Geltung bringen.

Der Merkurfinger – oder der kleine Finger

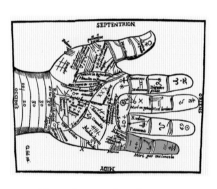

Der römische Gott der Diebe und Händler verleiht diplomatische Qualitäten, Menschenkenntnis und Geschäftssinn, wenn er die richtige Größe hat (am besten bis zum Nagelglied des Mittelfingers). Menschen mit einem ausgeprägten Merkurfinger können ihre Arbeit besser verkaufen und dadurch mehr Gewinn daraus ziehen – so Schriftsteller oder Erfinder. Sie sind einfach Asse in der Vermarktung. Natürlich bedeutet ein zu kurzer kleiner Finger das Fehlen dieser Kompetenz. Menschen mit sehr kleinem kleinen Finger wissen sich nicht recht auszudrücken und können ihre Beziehungen nicht auf der sprachlichen Ebene vertiefen.

Der Daumen

Ein ganz besonderer Finger ist der Daumen. Er zeigt an, welches Reservoir an Ich-Stärke, Lebenskraft und Tatkraft ein Mensch besitzt. Dabei soll ein Tief angesetzter Daumen ebenso wie ein besonders langer Daumen eine starke Persönlichkeit, Flexibilität, souveränes Handeln und Risikobereitschaft verdeutlichen. Ist der Daumen hingegen höher an der Hand angesetzt, so hat man eine verhaltene Persönlichkeit mit starker Kopfsteuerung vor sich. Besonders kurze Daumen deuten auf Energielosigkeit, Charakterschwäche und fehlendes Selbstbewusstsein hin. Ein solcher Mensch hat sein Leben nicht richtig im Griff, denn für einen festen Griff ist ein

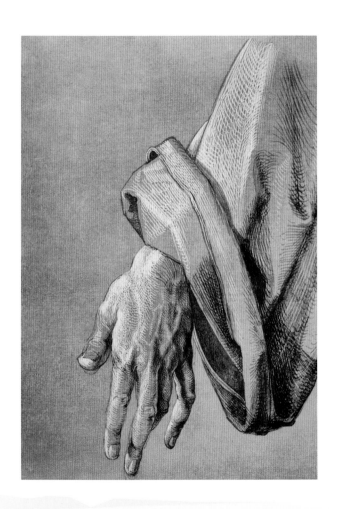

kräftiger und ausgeprägter Daumen wichtig. Das Nagel-glied des Daumens steht für die Ausprägung des Willens, während das mittlere Glied die Verstandeskraft symbolisiert. Weitere Aussagen, die man aus der Form des Daumens gewinnen kann: Eine eckige Daumen-spitze könnte auf Organisationstalent hindeuten, eine spatelförmige Spitze hingegen einen Sinn für die Ge-nüsse des Lebens dokumentieren. Der Daumen in Form einer Keule oder einer Knolle soll verdrängte Triebener-gien anzeigen, die sich möglicherweise ausbruchsartig entladen können.

Nicht genug damit: Ein sehr biegsamer Daumen zeigt nicht nur Großzügigkeit an. Er wird als Hinweis auf Willensschwäche gedeutet und kann sogar Verschwen-dungssucht anzeigen.

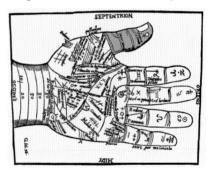

Ein fester Daumen hingegen bedeutet sowohl Positives wie Negatives:

Seine Besitzer sollen ängstlich, übervorsichtig und wenig flexibel, aber auch sehr verlässlich sowie berechenbar und beständig in ihren Ansichten sein.

Die Handlinien

Für die einen sind die Handlinien nichts weiter als zufällige, während des Wachstums der Hand entstandene Strukturen, die keine Bedeutung haben.

Andere wiederum sehen die Linien der Hand als Aufzeichnungen und Prägungen des gelebten Lebens. Wer sie so versteht, für den liegt die Möglichkeit nahe,

dass sich die Handlinien durch bewusst getroffene Lebensentscheidungen verändern und somit die Dokumentation vervollständigen können. Mehr noch: Im umgekehrten Rückschluss liegt die Idee nahe, dass in den Handlinien sogar Hinweise oder Vorbestimmungen für unsere Zukunft enthalten sein könnten. Wer eine Hand so liest, benutzt sie als Orakel. In der Chiromantie unterscheidet man Hauptlinien und Nebenlinien der Hände. Die drei Hauptlinien sind auf jeder Hand vertreten, wenn auch in unterschiedlichen Ausprägungen:

Die Lebenslinie

Die Lebenslinie zeigt nicht an, wie lange ein Mensch lebt, sondern ist ein Zeichen für die Lebendigkeit, Gesundheit und die vitale Energie eines Menschen. Sie umrundet den Daumenballen und ist die wichtigste Linie in der Handinnenfläche. Dass sie nicht für die Lebensdauer steht, belegen Beobachtungen bei Leuten, die ein sehr hohes Alter erreicht haben – sie können durchaus eine kurze Lebenslinie haben. Andererseits gibt es Menschen, die in jungen Jahren verstarben, aber eine ausgesprochen lange Lebenslinie besitzen. Es geht vielmehr um die Qualität des Lebens: Wird jemand seinen Lebensweg mit Freude und robuster Gesundheit gehen können oder wird er sich eher kränkelnd und verzagt an das Ende seines Lebens bewegen? Wird er zu den Menschen gehören, die mit Tatkraft und Mut ausgestattet sind oder zu den Zögerern und Duckmäusern?

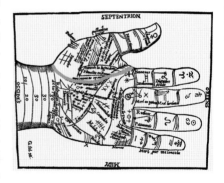

Was die Lebenslinie verrät:

- Eine lange, kräftig ausgeprägte Lebenslinie deutet allgemein auf gute Gesundheit und Fitness hin.

- Eine kurze Lebenslinie soll eine gewisse Anfälligkeit für Krankheiten anzeigen. Sie verweist aber nicht (wie bereits oben gesagt) auf ein kurzes Leben.

- Endet die Lebenslinie unerwartet und ohne Abzweigungen, so kann dies auf einen unerwarteten Tod, z. B. durch Unfall, hinweisen. Kreise (die Lebenslinie teilt sich und schließt sich wieder; sie umfasst ein kreisförmiges Gebiet) sollen Anzeichen für Unfälle sein, die aber nicht lebensbedrohlich verlaufen. Entsteht durch Teilung der Linie eine unregelmäßige Insel, so wird sie als Hinweis auf eine langwierige Erkrankung ausgelegt.

- Unterbrechungen in der Lebenslinie verweisen auf Krankheiten, die aber nicht lebensbedrohlich sind.

- Abzweigungen nach oben sollen Glücksfälle, solche nach unten Rückschläge bedeuten.

- Eine gerötete Lebenslinie ist Symbol für eine besonders ausgeprägte sexuelle Aktivität. Ist die Linie zugleich auch besonders breit, kommt eine gewisse Brutalität hinzu.

- Unterscheiden sich die Lebenslinien auf der linken und der rechten Hand deutlich, könnte dies ein Hinweis auf einen wenig beständigen Charakter sein. Ein solcher Mensch braucht besonders viel menschliche Zuwendung.

Die Kopflinie

Die Kopflinie teilt die Hand etwa in der Mitte. Der obere Bereich steht für die geistigen, der untere für die materiellen Qualitäten des Menschen. Sie soll für Denk- und Wahrnehmungsfähigkeit, Urteilsvermögen und Konzentrationsfähigkeit stehen. Sie kann aber auch Störungen der geistigen Gesundheit oder des Gedankenflusses anzeigen.

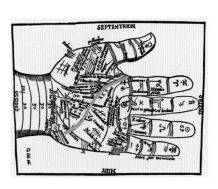

Medizinisch wird sie mit dem Kopf und seinem Nervensystem, dem Gehirn, den Augen, Ohren und Zähnen in Verbindung gebracht. Sie gibt sowohl Auskunft über die Art des Denkens als auch über die geistige Energie, über die ein Mensch verfügt. In ihrer Länge, Breite und ihrem Verlauf dokumentiert sie eine Vielzahl von Formen menschlichen Denkens. Und kein Irrtum: Eine lange und breite Kopflinie steht nicht für einen hohen Intelligenzquotienten. Sie sagt nur aus, wie jemand denkt und nichts über seine Befähigungen.

Was die Kopflinie verrät:

- Ist die Kopflinie gut ausgeprägt und tief eingeschnitten, verweist dies auf einen ausgeprägten Verstand. Wenn sie lang und gerade ist, verstärkt sich diese Aussage ebenso wie durch eine Rötung der Linie. Treffen alle diese Eigenschaften zu, so hat man es mit einem ausgeprägten Intellektuellen zu tun. Ist die Kopflinie gar doppelt vorhanden, so stellt sie ein Zeichen für eine geniale Begabung dar.

- Abzweigungen der Kopflinie geben Hinweise auf zusätzliche Befähigungen. Hat die Linie einen Ausläufer nach unten, so kommt zu der Verstandesgabe Fantasie noch eine erzählerische Begabung hinzu. Besteht ein zweiter Ausläufer in Richtung auf den kleinen Finger, so könnte dieser Mensch ein Schriftsteller sein.

- Ein Ast der Kopflinie, der in Richtung des Zeigefingers verläuft, soll rednerische Befähigung, ein solcher in Richtung des Mittelfingers wissenschaftliches Interesse dokumentieren.

- Erstreckt sich die Kopflinie quer durch den gesamten Handteller, zeigt sie einen kühlen Verstandesmenschen oder gar einen Egoisten an.

Andererseits wird ein Mensch mit einer besonders langen Kopflinie bis ins hohe Alter beruflich tätig sein.

- Inseln auf der Kopflinie zeigen eine Neigung zu Kopfschmerzen und Migräne an.

- Ein großer Abstand zwischen der Lebenslinie und der Kopflinie kann auf unüberlegtes Handeln hindeuten. Verlaufen Kopf- und Lebenslinie am Anfang als eine einzige Linie, könnte der Mensch zu Überempfind-lichkeit neigen.

- Fehlt die Kopflinie komplett, so hat man es mit einem vollständig von seinen Gefühlen abhängigen Menschen zu tun.

Die Herzlinie

Die Herzlinie verläuft unterhalb der Fingeransätze quer durch die Hand. Sie beginnt an der Außenseite und verläuft in Richtung auf den Zeigefinger. Sie symbolisiert das Herz im esoterischen Sinne und bringt das Empfindungsvermögen, die Anteilnahme, die Herzlichkeit, die Fähigkeit zur Zuneigung und zum Mitgefühl zum Ausdruck. Sie kann verraten, wie eine Person mit Emotionen und geliebten Menschen umgeht, kann möglicherweise Aussagen über die Partnerschaft treffen und damit kundtun, ob ein Mensch in der Liebe leidenschaftlich oder gefühlsarm ist und ob

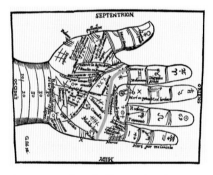

er eine eher passive und unterwürfige Rolle spielt oder die des drängenden und starken Eroberers vorzieht. Auch sagt sie etwas über das Tempo der Liebe: Blitzschnell und immer wieder verliebt oder erst nach langer reiflicher Überlegung zu einer Verbindung bereit? Medizinisch besteht auch eine Verbindung zum Herzen, zum Kreislauf, aber auch zu den Nieren.

Was die Herzlinie verrät:

- Eine gut erkennbare Herzlinie steht für ein klares und geradliniges Gefühlsleben. Ist sie zu dem ausgesprochen lang, so könnte der Besitzer dieser Hand besonders treu sein – aber er wird auch von seinen Gefühlen beherrscht.

- Eine rötlich gefärbte Herzlinie ist ein Zeichen für Leidenschaft und große Liebesfähigkeit. Die umgekehrte Aussage trifft eine blasse Herzlinie.

- Kleine Inseln in der Herzlinie stehen für enttäuschte Liebschaften. Große Inseln hingegen bedeuten eine platonische Liebe, die keine Erfüllung finden kann.

- Verläuft die Herzlinie in Richtung auf den Zeigefinger, so könnte es sein, dass der Besitzer der Hand durch eine Liebesbeziehung oder Heirat zu großem Erfolg kommt.

- Spaltet sich die Herzlinie unterhalb des Zeigefingers in zwei Teile, stehen Erfolg im Geschäftsleben oder geglückte Pläne ins Haus.

- Endet die Herzlinie zwischen Zeige- und Mittelfinger, so wird ein ganz besonderer Mensch großes Glück bringen.

- Erreicht die Herzlinie den Mittelfinger, so wird sie zum Glücksbringer: Dieser Mensch hat mehr Glück als andere. Endet sie bereits weit unter dem Mittelfinger, behindern Egoismus und Genusssucht das Liebesleben.

- Ein Auslaufen der Herzlinie in Richtung Daumen oder ein Schwenk in Richtung kleiner Finger könnten einen Hang zur Perversion symbolisieren.

Dieser Mensch könnte erotischen Verlockungen erliegen.

- Gabelt sich die Herzlinie, so wird ein Mensch u. U. mehrere Liebschaften gleichzeitig unterhalten. Ist sie unterbrochen oder sieht wie zerrissen aus, besteht die Gefahr von Unzuverlässigkeit in Liebesdingen und einem Hang zu einem recht wechselhaften Liebesleben.

- Und schließlich: eine völlig gerade und quer durch die Hand verlaufende Herzlinie gehört zu einem eifersüchtigen und erbarmungslosen Menschen, der um jeden Preis den persönlichen Erfolg anstrebt und keine Rücksicht auf seine Mitmenschen nimmt.

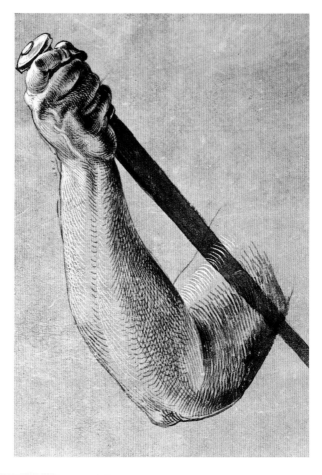

Die Nebenlinien

Die Nebenlinien fehlen im Gegensatz zu den Hauptlinien bei manchen Menschen. Auch verändern sich
diese Handlinien im Laufe des Lebens, werden deut-
licher oder undeutlicher und ändern ihren Verlauf. Sie
werden immer nur in Verbindung mit den Hauptlinien
zur Deutung herangezogen. Die wichtigsten Neben-
gebiete sind die Sonnen-, Merkur-, Ehe- und Witwenlinie,
sowie weitere Linien am Handgelenk und die Fami-
lienringe.

Die Schicksalslinie soll den Verlauf des Lebens dokumentieren und Schicksalsschläge oder -wendungen anzeigen. In anderer Interpretation gibt sie Auskunft über das
Arbeitsleben und die Einstellung einer Person zu ihrer
Umgebung. Wenn sie ideal ausgeprägt ist, verläuft die
Schicksalslinie als eine Art Stütze durch die ganze Hand,
vom Handgelenk bis zu den Fingerwurzeln. Meist ist sie
aber unterbrochen oder ändert ihre Richtung und ist mit
vielen anderen Linien verbunden – Folge eines wechselhaften Lebensweges.

Die Sonnenlinie – auch Apollolinie genannt – wird mit
dem Erfolg, von anderen Interpreten mit dem Lebens-
glück in Verbindung gebracht. Nur Menschen, die in

ihrem Leben das Glück gefunden haben, besitzen eine Apollo- oder Sonnenlinie. In der Vergangenheit wurde sie häufig mit Ruhm und Reichtum gleichgesetzt, weil man diese Erfolgswerte als glücksbringend betrachtete. Heute würde man eher von einem erfüllten Leben sprechen - Materielles ist schließlich nicht alles.

Was die Schicksalslinie verrät:

- Vor allem der Beginn der Schicksalslinie kann wichtige Hinweise geben: Beginnt sie in der Lebenslinie, so unterliegt das Schicksal dem eigenen Willen; man kann sein Leben selbst bestimmen. Hat sie ihren Ausgangspunkt am Mondberg an der Außenseite der Hand, so könnte dies

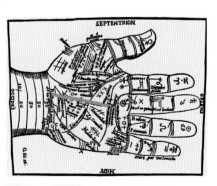

auf ein interessantes, aber recht wechselhaftes Leben hindeuten.

- Ist die Linie an ihrem Anfang stärker ausgeprägt als an ihrem Ende, so bringt die Jugend mehr

Erfolg als das Alter. Ebenso kann die Linie auch umgekehrt zunächst schwach und später stärker ausgeprägt sein.

- Natürlich ist der Lebensweg ebenso wechselhaft wie eine in Kurven verlaufende Schicksalslinie. Eine klare, gerade verlaufende Schicksalslinie zeigt ein Leben ohne Komplikationen an.

- Unterbricht die Herzlinie die Schicksalslinie, so könnte eine große Liebe dem ganzen Leben eine neue Wendung geben.

- Eine doppelte Schicksalslinie dokumentiert sehr starkes Durchsetzungsvermögen, kann aber auch auf zwei ausgeübte Berufe verweisen.

- Wenn die Schicksalslinie unter dem Zeigefinger endet, zeigt sie Ehrgeiz und Erfolg an.

- Eine tief in der Handwurzel beginnende Schicksalslinie könnte Depressionen und eine pessimistische Lebensauffassung andeuten. Beginnt sie in der Handfläche, so könnte die Kindheit belastend und voller Hindernisse gewesen sein. Erfolg stellt sich erst später im Leben ein.

Die Fingermuster und ihre Bedeutung

Wie Sie ja bereits wissen, wird jedes Detail der Hand zur Deutung herangezogen. Auch die Fingerabdrücke – die Muster auf den Fingerkuppen – können zu einem Deutungssystem genutzt werden, und nicht nur, um Kriminelle dingfest zu machen. Was sagen die Muster auf den Fingerkuppen aus? Die Beobachtung lässt sich sehr

differenzieren: Es können Schleifen, Bögen, Wirbel oder auch so genannte Pfauen sein, die auf den Fingerkuppen zu finden sind. Hier nur so viel: Wiederholen sich die Muster auf allen Fingern, so sind die Eigenschaften der Person kräftig ausgeprägt. Von Bedeutung ist die Lage des Zentrums eines Musters. In der Regel liegt die Mitte des Musters etwa in der Mitte

des letzten Fingergliedes. Findet man es höher, so ist die Eigenschaft des betreffenden Fingers stärker mit dem Verstand in Verbindung; liegt es tiefer, so besteht eine Assoziation zur praktischen Nutzanwendung. Ein hoch liegendes Zentrum am kleinen Finger könnte also einen Professor für Betriebswirtschaftslehre kennzeichnen, ein tief liegendes Zentrum an demselben Finger einen erfolgreichen Händler.

Wie deutet man eine Hand?

Es ist wie mit allen besonderen Befähigungen – man fängt klein an. Weder lassen sich die Feinheiten der Chiromantie in einem so kleinen Bändchen festhalten, noch kann jemand ohne ausreichende Erfahrung detaillierte Deutungen hervorbringen. Beginnen Sie vielleicht damit, dass Sie sich an diesem Buch entlang arbeiten. Gehen Sie Kapitel für Kapitel durch und wenden Sie die genannten Zusammenhänge auf Ihre Hand an – oder auf die Hand dessen, dem Sie etwas offenbaren wollen. Am verblüffendsten sind die Ergebnisse mit unbekannten Personen, die staunend feststellen, dass Sie treffende Aussagen über ihr Leben gemacht haben. Wenn Sie die Hand eines Bekannten oder guten Freundes interpretieren, haben Sie es vergleichsweise einfach, denn schließlich wissen Sie schon so manches. Wenn Sie Ihr Wissen über die Chiromantie vertiefen wollen – Ihr Buchhändler hält einiges für Sie bereit. Dort werden Sie erfahren, dass eine Insel in der Herzlinie Sorgen bedeuten kann, dass parallele Linien auf dem Apolloberg ein Zeichen für eine doppelte berufliche Begabung sein können und dass eine Gabel der Schicksalslinie auf beruflichen Erfolg an einer bestimmten Stelle des Lebensweges hinweisen kann.